DISCOURS

DE

M. LE COMTE HENRY AVIGDOR

DÉPUTÉ

SUR

LES FRANCHISES

DU COMTÉ DE NICE

A LA CHAMBRE A TURIN

(Séance du 19 Juin 1852.)

HOMMAGE A SES CONCITOYENS

NICE

IMPRIMERIE A. GILLETTA AÎNÉ, SOCIÉTÉ TYPOGRAPHIQUE,

Rue du Gouvernement, 9, au premier étage

1860.

Paris, le 30 avril 1860

Quelques-uns de mes concitoyens ont émis un doute sur l'empressement que j'aurais mis à défendre devant la Chambre des Députés les franchises du port de Nice.

Je ne trouve pas de réponse plus péremptoire à opposer à cette allégation que de faire réimprimer le discours que j'ai prononcé le 19 juin 1852 [1].

En prenant la parole pour défendre le port franc de Nice, je savais, car j'avais été prévenu, que mes électeurs ne pourraient plus voter pour moi au renouvellement de la Chambre. ENTRE LE SACRIFICE DE LA DÉPUTATION, ET CE QUE JE CONSIDÉRAIS COMME UN DEVOIR, JE N'AI PAS HÉSITÉ.

Mes concitoyens peuvent juger, maintenant, si j'ai rempli ce devoir jusqu'au bout, et si je mérite leur approbation.

Cte HENRY AVIGDOR.

(1) Voir les débats de la Chambre des Députés dans la *Gazette Piémontaise*, du 20 juin 1852.

DISCOURS

SUR

LES FRANCHISES

DU COMTÉ DE NICE.

MESSIEURS,

Il y a quelque témérité, je le sens, à prendre la parole après le patriotique et éloquent discours que vient de prononcer mon honorable concitoyen et ami, M. Deforesta.

J'éprouve encore un autre embarras, c'est d'avoir à détruire l'impression qu'ont pu produire sur la Chambre les grâces attrayantes du langage de M. le comte de Cavour. (RISA).

Pourtant permettez-moi, je vous en prie, de faire quelques simples observations ; permettez-moi surtout de faire devant vous, l'autopsie du discours que vous venez d'entendre.

J'y vois qu'on présente trois principales raisons pour appuyer le projet ministériel. La position du comté de Nice ; sa situation financière ; et, pour suprême argument, qu'on nous met sans cesse sous les yeux, la nécessité du trésor.

Je vais répondre à l'honorable comte de Cavour sur les trois arguments qu'il a présenté à la Chambre.

D'abord, je parlerai de la situation de Nice, et je tâcherai de le faire en termes aussi clairs que laconiques. Je vous dirai un mot ensuite sur le suprême argument de la NÉCESSITÉ qu'on a fait valoir, et enfin je démontrerai, selon moi, jusqu'où le droit et le devoir de la Chambre peuvent aller dans cette circonstance.

Il est des vérités, je le sens, qu'on hésite à répéter, dans la crainte d'être banal, mais ce qui est bon et juste doit toujours être redit, dût-on passer pour n'avoir que des idées vulgaires.

Je ne remonterai pas, Messieurs, jusqu'à l'époque, déjà bien loin de nous, où le comté de Nice obtint les franchises qu'on lui a ravies peu à peu ; ce serait faire étalage d'une érudition historique, inutile, et qui ne prouverait rien en faveur de la cause que j'ai à soutenir devant vous. Je tiens seulement à vous dire que ces franchises étaient un droit acquis, selon l'opinion de beaucoup de personnes compétentes et sensées.

Cependant, dans le sein de la commission pour la révision du tarif des douanes, dont j'avais l'honneur de faire partie l'an passé, je compris, je le proclame ici à haute voix, que le temps des franchises, des monopoles, des faveurs était passé. Je compris que c'était une anomalie impossible, avec l'égalité de tous devant la loi; que le régime constitutionnel apporte avec lui ses avantages et ses désavantages; je compris que dans l'état actuel, il était permis d'étudier la question pour juger de l'opportunité de soumettre le comté de Nice aux mêmes conditions que celles qui régissent lés autres provinces de l'état. Ayant à me prononcer, ayant à voter dans le sein de la commission, j'ai donc émis l'opinion que tôt ou tard ces frachises devaient être abrogées; mais que le moment de le faire n'était pas venu.

Mais je pensais alors (et je le pense encore aujourd'ui) qu'il ne fallait rien précipiter, et qu'il était juste d'atteindre ce but, peu à peu, et dans quelques années; qu'il fallait procéder avec précaution et ménagement, pour ne pas froisser des intérêts qui méritent quelques égards et pour ne pas combattre de front, des idées, des préjugés, si vous le voulez, auxquels on était habitué depuis des siècles.

On s'y était habitué, Messieurs, et non sans quelque orgueil national. Car enfin, il y a toujours quelque chose de glorieux pour un peuple, et surtout pour la population d'une province, de pouvoir dire, en remontant jusqu'aux époques les plus reculées de son histoire : Je ne suis ni conquis, ni vaincu! je n'ai été ni soumis, ni subjugué! le prince avec lequel j'ai conclu un pacte, l'a accepté : s'il ne l'avait pas accepté il ne règnerait pas sur nous. J'ai fait mes conditions, et ces conditions sont celles sans lesquelles, je n'aurais pas été soumis. C'est là, Messieurs, ce que le peuple de Nice peut vous dire.

Il peut vous dire donc qu'il ne s'est jamais soumis aux conditions qu'on voulait lui imposer, mais qu'il a fait un contrat, et qu'il devait espérer que toutes les clauses, en seraient loyalement et fidèlement tenues, par les deux parties contractantes.

Le Statut, et j'en remercie le ciel, a été proclamé et a déchiré ces vieilles chartes du moyen-âge; mais en déchirant les conditions d'inégalité ou de priviléges entre province, le Statut a aussi admis, en principes, qu'on ne détruirait pas sans ménagements, sans égards, sans raisons, des droits acquis et qu'on ne réduirait pas à la misère une province entière.

En effet, Messieurs, les paroles que l'honorable M. Deforesta vient de prononcer paraissent exagérées, lorsqu'il parle de la misère de la province de Nice.

On nie cette misère, on va même jusqu'à dire que cette province est riche. L'honorable comte de Cavour combat cette première assertion et s'appuie sur les raisons données par le député de Nice pour affirmer que la situation du pays n'est pas si déplorable, puisqu'on y consomme en cafés, sucres et autres denrées coloniales, plus que dans les provinces du Piémont.

M. le comte de Cavour s'est-il donné la peine d'examiner quels sont les consommateurs de ces denrées coloniales ? A-t-il bien remarqué si ce sont les habitants du pays, ou les consommateurs étrangers ?

Mais enlevèz ce bon marché qui attire justement des consommateurs étrangers, mettez sur les denrées coloniales un droit auquel, on n'est pas, auquel on n'a jamais été habitué, et vous verrez alors la situation réelle du pays, vous verrez si on y est assez fortuné, pour se passer ces douceurs qui, à vos yeux, auront bientôt l'air d'un crime.

Quelle est donc la source intarissable de la fortune que vous supposez à la province de Nice ? Il ne lui en reste plus aucune !

Il y a quelques années, la condition de Nice n'était-elle pas plus florissante ? Nice était l'intermédiaire obligé du commerce entre Gênes et Marseille : elle servait d'intermédiaire au commerce de Marseille avec le Piémont. C'est à Nice qu'arrivaient toutes les denrées coloniales qu'on consomme dans les provinces de Coni, dans celles du haut Piémont; c'est par Nice et le col de Tende, que passaient tous les produits coloniaux qui venaient à Turin. Nice et toute la route profitaient de ce commerce, et les transactions étaient actives et suivies. Elles étaient politiquement et commercialement avantageuses aux deux pays.

Pendant que la province de Nice était en possession du commerce de transit avec le Piémont, et lui envoyait ses produits, elle en tirait à son tour les principaux objets de sa consommation ; car les œufs, le beurre, la volaille, les viandes, le laitage et tout ce qui sert à la vie animale, elle le recevait du Piémont. Aujourd'hui le commerce de transit a été supprimé ; et, en supprimant ce transit, vous avez enlevé au Piémont un grand consommateur pour ses produits, et à Nice le moyen de s'approvisionner, presque celui de se nourrir.

Les grands foyers de production et de consommation tendent, je le sais, à se rapprocher : les villes intermédiaires s'effacent, le commerce supporte avec une égale impatience et les obstacles et les distances. Mais il en est pas moins vrai que Nice a été privée à la fois et de ses intimes et continuels rapports avec le Piémont, et de son commerce de transit ; il n'en est pas moins vrai que tout cela lui a été arraché par la loi que vous avez sactionnée et votée l'année passée.

En dehors de ce commerce de transit, Nice avait encore une ressource commerciale d'une grande importance. C'était là le dépôt des huiles de Naples qui arrivaient à Nice pour être transbordées sur des navires français. C'était à Nice que l'on entreposait les 2|3 des huiles provenant de la Pouille, qu'on les déposait pendant plusieurs mois pour être ensuite expédiées en France et dans tous les autres pays du monde.

De ce commerce indirect, que la ville de Nice devait justement à sa position géographique et à ses franchises, elle tirait l'existence d'une grande partie de ses habitants ; elle entretenait une certaine activité dans ses relations commerciales, avec la France surtout ; sa population pouvait enfin, sinon s'enrichir, au moins vivre et exister.

Par suite du dernier traité de commerce conclu avec la France, la ressource du transit des huiles de Naples n'existera plus.

Dès qu'on sera obligé de se soumettre aux règles sévères d'un entrepôt, ce commerce ne pourra plus se faire que sur une très petite échelle. Soumis à Nice aux même conditions qu'à Marseille, on préférera cette dernière place comme offrant plus de ressources.

Ce commerce enfin se fera directement.

Qu'est-ce qui reste donc à la province de Nice quand ce commerce de transit avec le Piémont lui est enlevé, quand ses relations avec Marseille sont paralysées, quand celles avec Gênes sont presque nulles, quand sa propre consommation est menacée, puisqu'aujourd'hui elle ne peut plus tirer du Piémont ce qu'elle en tirait anciennement ? Les rouliers qui faisaient le trajet entre Turin et Nice, portaient dans cette dernière ville les objets de consommation dont je vous ai parlé ; ils prenaient en chargement, de retour pour Turin, des denrées coloniales.

Ces objets de chargement leur manquant, ils ne viendront plus à Nice ; déjà même ils n'y viennent plus. De sorte que Nice, privée de son commerce avec le Piémont, payera encore 5, 10 et peut-être 15 pour cent plus cher que ne le paye le Piémont, le beurre, la viande, la volaille, etc.; mais en dehors de ces avantages ravis, en quoi consiste, encore une fois, qu'est-ce que le commerce de Nice?

On dit que Nice à d'autres richesses naturelles. Permettez-moi, Messieurs, de vous soumettre une simple observation. Le sol de Nice est occupé presque tout entier par la culture des oliviers et par celle des mûriers. Cette dernière culture est encore limitée. Quant à celle des oliviers, vous ne pouvez vous faire une idée à combien de chances, de péripéties elle est soumise. Qu'il vous suffise de savoir que depuis 1828 jusqu'en 1852, on a compté seulement trois bonnes récoltes d'huile; les autres, quand elles n'ont pas été mauvaises, n'ont pu compenser entièrement tous les frais supportés par les propriétaires durant une suite de mauvaises récoltes.

Il y a trois choses, Messieurs, et M. le comte de Cavour le saura certainement mieux que moi, qui constituent la fortune des provinces et la fortune des Etats.

D'abord, c'est le sol; ensuite le capital, et, en dernier lieu, le travail. Eh bien! de ces trois éléments qui constituent la fortune d'une province ou d'un Etat, est-ce que Nice en a un seul? Son sol est restreint; dans une partie il est assez productif, mais productif en menues récoltes qui ne donnent pas la fortune. Son sol est donc restreint. Son capital est plus restreint encore, puisqu'il n'y a pas à Nice de grandes fortunes. Quant au travail, comment voulez-vous qu'il puisse devenir une grande ressource pour une population quand il n'est alimenté ni par le sol ni par le capital? Ces deux auxiliaires puissants, c'est-à-dire le sol et le capital, sont nécessaires pour développer les richesses d'un pays. Mais sans aucune de ces ressources, déshéritée, dépourvue, sans industrie, sans commerce, sans ce beau sol fécond du Piémont, sans ces richesses de Gênes, comment voulez-vous que Nice prospère, progresse? Et, mon Dieu, comment voulez-vous même qu'elle puisse vivre?

Ses infortunes ne s'arrêtent pas là : j'ai encore à vous parler d'une autre misère.

Nice, Messieurs, est par sa position géographique entièrement séparée des autres provinces du royaume. J'ai entendu ici des députés parler en faveur de leur pays dans une position identique; j'ai applaudi à leurs réclamations du plus profond de mon cœur, et je les ai secondés de toutes mes forces.

On a promis des chemins de fer et on les a votés pour la Savoie. J'ai appuyé ces vœux et j'ai voté pour ces travaux qui, par leur réalisation, rallieront une partie des États au centre commun et développeront la richesse de plusieurs provinces. On fait aussi des sacrifices tous les jours pour la province de Gênes, et, comme député ligurien, je serais bien mal venu de m'en plaindre.

On a proposé, on a voté des chemins de fer pour presque toutes les provinces. Pour celle de Nice qu'a-t-on fait? Eh bien! n'a-t-elle pas le droit d'élever la voix et de vous dire: « Devant tous les sacrifices d'argent que vous m'imposez, comme aux autres provinces de l'Etat; devant ces millions que vous dépensez pour construire des chemins de fer, pour créer des routes, pour abattre des fortifications et pour en élever d'autres (selon le projet de loi qui nous a été soumis hier par M. le ministre des finances); devant ces millions que vous semez partout, autour de vous, quelle dépense faites-vous, quelle dépense avez-vous projeté de faire pour le comté de Nice?

L'a-t-on rapproché des Etats? Je vous le demande, a-t-on fait quelque chose pour rapprocher la province de Nice du reste des Etats? Non! et, en ne le faisant pas, on a manqué aux traditions politiques de notre pays.

Quand Venise et Gênes étaient si puissantes, quand elles dictaient, pour ainsi dire, des lois à l'Europe; quand la résurrection des peuples, au moyen-âge, inaugura une ère nouvelle, une ère de prospérité pour le commerce, les arts, la littérature, les belles-letres, l'Italie était la plus brillante, la plus puissante, et en même temps la plus commerciale des nations.

D'où provenait sa force? d'où tirait-elle ses richesses? Ce n'est certes pas seulement parce que

Venise envoyait des navires chargés de ses produits dans l'Orient, et qu'ils en revenaient chargés des marchandises de ces contrées; ce n'est pas parce que Gênes en faisait autant : c'est parce que l'Italie seule possédait des grandes voies de communication, dont l'antique Rome lui avait légué le modèle immortel par la voie Appienne; parce qu'en Italie on pouvait facilement communiquer d'une province à l'autre.

Pise communiquait avec Pistoia, Pistoia avec Prato, Prato avec Florence, Gênes par ses côtes, Venise avec ses canaux intérieurs. Telles sont les sources de la vie et des progrès des peuples.

Car, enfin, que ferait-on des produits, si on ne pouvait les répandre à l'intérieur? Que feraient les négociants des navires qui reviennent chargés des productions des colonies s'ils ne pouvaient les vendre? Ce serait entasser inutilement des richesses qui ne procureraient aucun bénéfice au pays. — Ce n'est donc que par les voies de communications multipliées qu'on assure la richesse des Etats.

Quel projet a-t-on présenté pour l'établissement de voies de communication dans le comté de Nice? Aucun. Toute la montagne de Nice en est privée, et cette population de montagnards, sobre, industrieuse, forte de courage, puissante d'énergie; cette population invincible qui a tenu en échec, à elle seule, des légions entières, lors de la première révolution, n'est-elle pas dans la misère? Quand on visite ces montagnes, ne retrouve-t-on pas les mœurs, les habitudes, les vêtements même de la Provence il y a 100 à 150 ans? Qu'a-t-on fait pour ses pauvres et malheureuses populations? On n'a rien fait!!!

L'honorable M. de Cavour a certainement interprété le plus favorablement possible l'intention du ministère, en nous disant: On fera des routes. C'est là, en effet, un des plus grands besoins de la province de Nice. On fera des routes, nous dites-vous: ce sont là des promesses; mais, quand se réaliseront-elles? Jusqu'à ce jour on ne nous a présenté aucun projet de loi, et on ne nous a pas même laissé espérer qu'on en présenterait un. Qu'on réalise donc ces promesses, depuis si longtemps faites, jamais réalisées. Qu'on mette en communication Nice avec ses montagnes, avec le reste du royaume, afin de resserrer les liens politiques qui existent entre les deux pays.

Qu'on nous présente une fois un projet; qu'on ne nous endorme plus avec ces promesses fallacieuses. Non! Il faut que la population de Nice fasse des sacrifices, et, en même temps, on la traite en parias: voilà ce que je vois jusqu'ici, et voilà ce qu'aujourd'hui encore on ose vous demander.

En dehors de ces questions, toutes économiques, il existe celles énoncées par moi en prenant la parole, celles du DROIT et du devoir de la Chambre. Elles sont incontestables, et toute l'éloquence possible, fut-elle cicéronienne, ne peut les détruire.

La Chambre a déclaré et voté, l'année passée, que partie des franchises de Nice serait conservée jusqu'à la fin de l'année 1853.

Dès-lors, Messieurs, pourquoi aujourd'hui vous mettre en contradiction avec votre passé ? Eh quoi ! cette Chambre a consacré par son vote une loi, elle l'a discutée, et elle voudra l'enfreindre, sans qu'un événement imprévu soit survenu dans le pays ? sans qu'une révolution politique ait eu lieu ? sans qu'un changement économique, autre que celui que nous avons créé l'année dernière à propos de la révision du tarif, ait eu lieu ? L'honorable M. de Cavour, ministre des finances alors, vous disait qu'il fallait laisser à Nice cet avantage jusqu'en 1854. Maintenant, je vous le demande, les circonstances ont-elles tellement changé qu'il soit autorisé à venir nous dire : Ce que vous avez décidé, ce que vous avez discuté, ce que vous avez sanctionné l'année dernière, annulez-le dans ce moment ; proclamez que ce que vous avez fait il y a onze mois était une absurdité ! que ce que vous avez voté était une erreur ! et que ce qui a été consacré par la signature royale était un non sens ! car la position n'a pas changé. Montrez par là, que la Chambre est dans mes mains, un instrument docile et soumis, qui change et varie à ma volonté.

On a fait u dans lequel la France a voulu laisser de de Nice, parce qu'elle ne voulait uiles de Naples les mêmes

avantages qu'à celles provenant des États Sardes.

Le comté de Nice s'est empressé de reconnaître l'équité de cette objection, et a demandé un entrepôt réel pour jouir des mêmes avantages que le traité avec la France accordait au reste du royaume; mais en même temps, on vous demandait de conserver la faveur (puisque vous voulez que ce soit une faveur) que vous lui aviez concédée jusqu'en 1854.

Est-ce donc une si grande affaire? On parle de 80,000 fr., et, comme nous sommes à la moitié de l'année, ce sera, pour cette année, un déficit de 40,000.

Cela fera 120,000 fr., et pour 120,000 fr. on veut aliéner l'affection de toute une province; on veut altérer le sentiment de toute une population; on veut aigrir tout un peuple. Est-ce une conduite à tenir? Y a-t-il dans cette détermination le moindre sens politique? (Bene! a destra). — Remarquez, Messieurs, que pendant que vous avez l'air de dédaigner la province de Nice, de repousser ses justes réclamations, on la flatte du côté de la France.

La France s'occupe d'un projet de chemin de fer de Toulon à Nice. Le gouvernement français, qui ne veut négliger aucun élément de prospérité, qui ne veut laisser aucun intérêt en souffrance, tout petit qu'il soit, la France va faire un chemin de fer jusqu'à Nice.

Et pourquoi le fait-on de Toulon à Nice? car tout le monde sait que dans le département du Var, sauf

Toulon, il n'y a pas de ville assez importante pour justifier une telle dépense.

Et pourquoi en France s'est-on préoccupé de cette ligne et a-t-on décrété un chemin de fer jusqu'à Nice ? C'est que, quoique Nice ait coûté 200,000 fr. par an à l'Empire, la France connaît toute l'importance de cette possession : importance stratégique, importance de frontière, importance de climat, importance de situation.

Et, en même temps qu'on s'efforce en France d'annihiler, d'effacer des frontières qui n'existent réellement pas, relativement à notre pays, on s'applique de ce côté à ajouter aux frontières naturelles des frontières infranchissables. De Nice à Toulon, de Nice à Marseille, la distance est presque de nulle importance. De Nice à la frontière de France, il y a un trajet de 5 minutes. Mais de Nice à Gênes, de Nice à Turin surtout, les obstacles sont tellement multipliés, que, par moment, ils paraissent infranchissables.

Depuis qu'on a enlevé à Nice les droits différentiels, contre lesquels on s'est élevé avec tant de force l'année passée, ses relations avec la France ont considérablement augmenté. On a forcé les habitants à tourner toute leur sollicitude commerciale, toutes leurs espérances, tous leurs vœux, tout leur avenir du côté de la France.

Si les habitants ont des rapport à établir, il les établissent avec la France. Tous les produits du sol vont en France, jusqu'aux plus infimes légumes. Nice est visitée par 3 ou 4 bateaux à vapeur par semaine ; ce sont des bateaux français, qui encouragent et excitent vers des relations encore plus étroites avec la France. Je me rappellerai aussi qu'entre Nice et la France il n'existe ni montagnes ni obstacles. On va de Marseille à Nice, par terre ou par mer, en quelques heures. Et quand Nice, par sa position topographique, ses mœurs, ses habitudes, ses affaires, ses rapports, se rattache si intimement à la France, lorsqu'il n'y a ni obstacles, ni montagnes, ni fleuve, qui l'empêche de se réunir à la France ; au lieu de diminuer, par un sens politique bien compris les obstacles qui nous séparent du Piémont, on les élève ; au lieu de montrer d'une manière indubitable qu'on s'intéresse au sort de cette province, on déroge, à son détriment, à une loi qui, en lui ôtant ses franchises, pour l'avenir lui conserve sa misère.

Pendant qu'une commission législative démontre qu'elle ne voit pas la nécessité de proposer une augmentation de droit des deux cinquièmes sur les denrées coloniales arrivant dans le port de Nice, on voit le gouvernement venir la combattre et insister pour que les deux cinquièmes soient rétablis. Quel est l'argument solide qu'on vous a présenté pour arriver à cette fin ? Quelles sont les raisons péremptoires qu'on a fait valoir ? Quelles sont les graves raisons qu'on a soumises à vos lumières ? On vous a fait valoir le suprême argument de la nécessité. J'ai honte de le répéter, cette nécessité se borne à une augmentation de 80,000 fr, pour le trésor public.

Eh bien, Messieurs, je répète que, si cette résolution n'était pas injuste, elle serait honteuse, car ce n'est pas 80 mille francs que l'on doit mettre en balance avec la ruine d'une province entière! (BRAVO).

Jamais vous n'avez entendu de la part des députés de Nice une menace : jamais les mots de séparation ni de division n'ont retenti dans cette enceinte, partant de leurs lèvres ; et pourtant Dieu sait si quelques uns ne les ont pas dans leur cœur. Vous ont-ils marchandé leurs concours, leur argent, leur tribut en sang et en hommes? Se sont-ils refusés à combattre vaillamment sur la frontière? Se sont-ils épargnés pour concourir à l'émancipation de l'Italie?

Dans la guerre de 1848, les Niçois, comme les autres citoyens des Etats sardes, se sont rangés sous la bannière de l'indépendance, et n'ont pas combattu moins courageusement que les autres nationaux. (BRAVO!) Je vous demande si, quand de pareils sentiments se sont fait jour dans une population, le gouvernement doit jeter un brandon de discorde et de désunion ? Si la Chambre doit encourager, par son vote, les antagonistes du Piémont, qui ne cessent de dire aux Niçois : Vous ne serez heureux que quand vous serez séparés du Piémont, et quand vous serez unis à la France. Est-ce là de la bonne politique? Pour moi, Messieurs, je dis que lors même que notre état financier se trouverait dans des conditions plus critiques que celles où il se trouve, vous ne devriez pas adopter une mesure pareille, et vous devriez passer aux conclusions de votre commission. Je ne le dis pas seulement dans l'intérêt de Nice, mais je le dis surtout, du font de ma conscience, pour l'honneur de la Chambre ! (BENE !)

La Chambre l'a déclaré, l'année passée, que jusqu'en 1854 elle n'abolirait pas le reste des franchises qui ont été laisées à Nice.

La Chambre l'a déclaré, et depuis lors il n'est arrivé, que je sache, aucun événement, aucune révolution, aucune circonstance qui puisse aujourd'hui engager la Chambre à se déjuger et à formuler un vote contraire. Ce serait porter une grave atteinte aux sentiments de respect que ses décisions doivent inspirer au peuple. Ce serait prouver qu'il n'y a rien de stable, d'assuré, de certain dans ses décisions. Ce serait prouver qu'un vote donné aujourd'hui peut être nul demain ; qu'une loi décrétée aujourd'hui peut être révoquée demain. Où irez-vous avec de tels principes?

Quels sentiments de respect inspireront désormais au peuple vos décisions ? Où avez-vous vu de pareils faits dans une Chambre? Cherchez dans les annales de tous les Parlements. Où verrez-vous qu'après avoir fixé la durée d'une loi, un ministre vienne, sans qu'une circonstance excessivement grave l'y oblige, demander au Parlement de révoquer cette loi, et de déclarer que cette loi n'existe plus? (BRAVO!)

Nice a le droit pour elle. Ses habitants ont le droit de vous dire: Nous nous sommes confiés à la loyauté des députés, à la loyauté du gouvernement; nous avons compté sur la durée de cette loi; nous avons fait des spéculations commerciales; nous avons ordonné des expéditions de denrées coloniales, nous avons fait ce que des négociants peuvent faire; et vous venez détruire tout ce que nous avons fait, aujourd'hui, lorsque nous devions nous attendre à ce que la loi ne serait jamais violée par ceux qui l'ont faite. Et on les forcera à dire plus encore. Sur ces bancs, il n'y a pas vingt députés de Nice, qui peuvent se lever en masse pour dire: nous sommes molestés et traités en parias; pour élever contre vous la voix, et faire entendre de justes griefs, de trop justes plaintes et des menaces.

Si Nice avait ici vingt députés pour s'unir et protester, et faire entendre le grand nom de la France, comme celui de notre patrie naturelle, le ministère fléchirait, comme il a fléchi, quand on est venu, au nom des intérêts froissés d'une autre province, déclarer qu'il fallait huit jours avant de discuter le traité avec la France. Alors, quoique vous ayez mis la discussion de ce traité à l'ordre du jour, vous l'avez remise, retardée, vous vous êtes soumis.

Eh bien! alors on a montré de la sympathie, on a prouvé de la bienveillance, de la considération pour la Savoie; on a bien fait. Ce n'est pas avec de la sévérité, ce n'est pas avec de l'obstination, ce n'est pas avec de la cruauté, j'ose dire le mot, qu'on conduit les peuples, c'est avec la mansuétude, c'est avec la justice, c'est surtout avec la loyauté.

Eh bien! je proclame que la chambre, que le gouvernement, que le ministère manqueraient à eux-mêmes, manqueraient aux principes les plus élémentaires de la justice, si, méconnaissant le droit et la raison, la justice et la vérité, ils dédaignaient les réclamations de toute une province en repoussant l'article proposé par la commission. (Bravo! DALLA DESTRA E DALLA SINISTRA.)

www.ingramcontent.com/pod-product-compliance
Lightning Source LLC
LaVergne TN
LVHW010254230826
846091LV00007B/2956
9782011257161